Nico Jochum

Die personenbedingte Kündigung

Wie ist die krankheitsbedingte Kündigung in Deutschland geregelt?

Bibliografische Information der Deutschen Nationalbibliothek:

Die Deutsche Nationalbibliothek verzeichnet diese Publikation in der Deutschen Nationalbibliografie; detaillierte bibliografische Daten sind im Internet über http://dnb.d-nb.de abrufbar.

Impressum:

Copyright © Studylab 2018

Ein Imprint der Open Publishing GmbH

Druck und Bindung: Books on Demand GmbH, Norderstedt, Germany

Coverbild: Open Publishing GmbH| Freepik.com | Flaticon.com | ei8htz

Inhaltsverzeichnis

Zusammenfassung

In der vorliegenden Arbeit wurde der besondere Fall der krankheitsbedingten Kündigung dargestellt. Dieser fällt im Kündigungsrecht unter die personenbedingte Kündigung. Des Weiteren werden in diesem Bereich des Arbeitsrechts durch Rechtsprechung Grundsätze erweitert oder aufgehoben, die durch Urteile vom Bundesarbeitsgericht in der Vergangenheit aufgestellt wurden.

Ziel der Arbeit ist, somit einen Überblick über diesen besonderen Fall der Kündigung zu geben, um zu wissen, wo und wie eine krankheitsbedingte Kündigung einzuordnen ist und welche Besonderheiten es in diesem Fall gibt. Deswegen wird am Anfang der Arbeit ein kurzer Überblick über das Kündigungsrecht gegeben, speziell die beiden Hauptformen der Kündigung, nämlich der ordentlichen und außerordentlichen Kündigung. Des Weiteren wurde in diesem Rahmen auch eines der wichtigsten Gesetze, das Kündigungsschutzgesetz, erläutert. Nach einem kurzen Überblick wird sodann auf die krankheitsbedingte Kündigung eingegangen. Hier wird zunächst geklärt, was unter Krankheit im medizinischen Sinne sowie Arbeitsunfähigkeit zu verstehen ist. Danach werden die vier Fallgruppen der krankheitsbedingten Kündigung vorgestellt. Das letzte Kapitel stellt noch zwei Sonderformen dar: Die Kündigung aufgrund Alkohol- bzw. Drogensucht und AIDS. Als Ergebnis dieser Arbeit kann festgehalten werden, dass die Fallgruppen der häufigen Kurzerkrankungen sowie der langandauernden Erkrankungen die wichtigsten Fälle darstellen. Des Weiteren ist die negative Zukunftsprognose der Prüfungspunkt, der die vier Gruppen hauptsächlich unterscheidet. Im Rahmen der Interessenabwägung gibt es auch nur geringfügige Unterschiede, denn diese legen allgemeine Richtlinien fest, nach denen beurteilt wird, ob für den Arbeitgeber eine Fortsetzung dessen zugemutet werden kann. Im Fall einer Alkohol- oder Drogensucht ist festzuhalten, dass diese den allgemeinen Regeln der personenbedingten Kündigung folgt, mit der Besonderheit, dass dem Arbeitnehmer eine Entziehungskur angeboten werden muss und bei AIDS-Erkrankungen, wo der Arbeitnehmer eingesetzt ist.

Abstract

In the present work the special case of the illness-related denunciation was presented. The latter falls within the right of termination under the person-related termination. Furthermore, in this area of labour law, by case law, principles are extended or repealed, which were established by judgments of the Federal Labor Court in the past.

The aim of the work is therefore to give an overview of this particular case of dismissal, to know where and how a disease-related termination is to be classified and what particularities exist in this case. Therefore, at the beginning of the work a brief overview of the right of termination is given, specifically the two main forms of termination, namely the ordinary and extraordinary termination. In addition, one of the most important laws, the law on dismissal, was also explained in this context. After a brief overview, the illness-related denunciation is then received. Here, it is clarified what is to be understood under sickness in the medical sense and inability to work. Then the four case groups of the disease-related denunciation are presented. The last chapter presents two other forms of dismissal, namely the termination due to alcohol or drug addiction and AIDS. As a result of this work, it can be noted that the case groups of frequent short-term illnesses and long-lasting diseases are the most important cases. Furthermore, the negative outlook for the future is the test point, which mainly distinguishes the four groups. In the context of the balancing of interests, there are also only minor differences, because it lays down general guidelines for assessing whether a continuation of the employer can be expected. In the case of alcohol or drug addiction, it should be noted that it follows the general rules of personal termination, with the peculiarity that the worker must be offered a rehab and in AIDS diseases where the worker is employed.

Abbildungsverzeichnis

1 Einleitung

Seit zehn Jahren ist erstmals der Krankenstand der deutschen Arbeitnehmer leicht gesunken. Dies geht aus einem Bericht der FAZ hervor. Demnach verzeichnete die Techniker Krankenkasse (TK) im letzten Jahr 15,2 Fehltage pro Mitglied. Dies sind 0,2 Fehltage weniger als im Jahr 2015. Die häufigsten Krankheitsursachen sind psychische Störungen, Atemwegserkrankungen sowie Erkrankungen des Bewegungsapparats.[1] Dies ist höchstwahrscheinlich auf die immer größer werdenden Belastungen im Arbeitsalltag zurückzuführen. Krankheit im Arbeitsleben ist einer der wichtigsten Aspekte im Arbeitsverhältnis. Nicht nur, dass eine Kündigung aufgrund krankheitsbedingter Fehltage etliche Probleme aufwirft, sondern auch, dass mit krankheitsbedingten Fehltagen enorme Belastungen für den laufenden Betrieb und für alle anderen Mitarbeiter einhergehen:

Zum einen muss der Arbeitgeber für erkrankte Mitarbeiter eine entsprechende Vertretung finden, um Produktionsstopps oder Maschinenstillstände zu vermeiden und zum anderen führen diese Stillstände dazu, dass dem Arbeitgeber erhebliche finanzielle Beeinträchtigungen daraus resultieren. Zu beachten sind hier nicht nur die finanziellen Beeinträchtigungen durch Produktionsstopps oder Maschinenstillstände, sondern auch der Punkt, dass der Arbeitgeber gesetzlich dazu verpflichtet ist, den erkrankten Mitarbeitern Lohnfortzahlungen bis zu einer Dauer von sechs Wochen zu leisten. Demnach zahlt der Arbeitgeber die Vergütung, ohne dafür eine vertragliche Leistung zu erhalten.

Problematisch ist, dass im Falle einer krankheitsbedingten Kündigung vereinzelte Fehltage noch nicht zur Kündigung aus diesem Grund berechtigen. Die einzelnen Voraussetzungen sind Kernstück der vorliegenden Arbeit.

Im ersten Kapitel dieser Arbeit wird das Rechtsinstrument der Kündigung aufgezeigt. Demnach werden die beiden Formen der Kündigung, nämlich die ordentliche sowie die außerordentliche Kündigung erläutert. Sodann wird auf die Wirksamkeit einer Kündigung eingegangen und zum Ende dieses Kapitels auf das Kündigungsschutzgesetz, das eine wichtige und zentrale Rolle spielt.

Das zweite Kapitel stellt das Herzstück meiner Arbeit dar. Hier wird der Sonderfall der personenbedingten Kündigung, nämlich die Kündigung aufgrund von Krank-

---

[1] FAZ, Krankenstand sinkt erstmals seit zehn Jahren, 2017

heit erläutert. Es wird der Krankheitsbegriff und der ähnliche Arbeitsunfähigkeits-begriff erklärt sowie die verschiedenen Fallgruppen dieser Kündigung wie z.B. Kurzerkrankungen, langandauernde Erkrankungen etc. und wie mit diesen umzugehen ist. Zum Schluss dieses Kapitels wird noch auf die außerordentliche krankheitsbedingte Kündigung eingegangen sowie das betriebliche Eingliederungsmanagement (BEM) erläutert.

Zum Abschluss der Arbeit werden im letzten Kapitel noch kündigungsrelevante Einzelfälle dargestellt sowie im Schlussteil ein Fazit über den Sonderfall der personenbedingten Kündigung gezogen.

2 Das Rechtsinstrument der Kündigung

Eine Kündigung ist die auf Beendigung eines Dauerschuldverhältnisses gerichtete, empfangsbedürftige Willenserklärung.[2] Die Beendigung eines Arbeitsverhältnisses ist nur für die Zukunft möglich und kann sich immer nur auf das komplette Arbeitsverhältnis beziehen, da eine Teilkündigung nach Rechtsprechung des Bundesarbeitsgerichtes (BAG) unzulässig ist.[3] Möglich ist hingegen eine Änderungskündigung. Diese ist eine Kündigung unter der Bedingung, dass der Vertragspartner sich nicht mit veränderten Vertragsbestimmungen einverstanden erklärt. Der Gekündigte kann dieser zustimmen, mit der Folge, dass das Schuldverhältnis mit geänderten Vertragsbedingungen fortgeführt wird oder ablehnen, was eine Beendigung des Vertragsverhältnisses bedeutet.[4]

Des Weiteren schützt Art. 12 I Grundgesetz (GG) die freie Wahl des Arbeitsplatzes und umfasst somit nicht nur den Abschluss und den Bestand, sondern auch die Auflösung des Arbeitsverhältnisses.[5]

2.1 Arten der Kündigung

Zu unterscheiden sind zum einen die ordentliche Kündigung und zum anderen die außerordentliche Kündigung. Die ordentliche Kündigung unterscheidet sich von außerordentlichen darin, dass sie Kündigungsfristen aus Gesetz oder Tarif- bzw. Arbeitsverträgen einhält. Zudem greift das Kündigungsschutzgesetz bei außerordentlichen Kündigungen nicht, da hier ein wichtiger Grund vorliegen muss.[6]

2.1.1 Ordentliche Kündigung

Merkmal der ordentlichen Kündigung ist, wie oben schon erwähnt, dass es bei dieser Art der Kündigung Kündigungsfristen gibt, die eingehalten werden müssen. Diese sind in § 622 des Bürgerlichen Gesetzbuches (BGB) geregelt und richten sich nach der Dauer des Arbeitsverhältnisses. Kündigungsfristen für den Arbeitgeber, wenn er Arbeitnehmer kündigen möchte, regelt § 622 I BGB. Demnach beträgt die

---

[2]   vgl. Köbler, 2012, S. 255

[3]   vgl. Kramer, Peter, 2012, S. 53

[4]   vgl. Köbler, 2012, S. 16

[5]   vgl. ErfK/Niemann, 2017, BGB § 626 Rn. 14

[6]   vgl. Podehl, 2017, S. 101

Frist vier Wochen zum fünfzehnten oder zum Ende eines Kalendermonats. Die Fristen für die Kündigung von Arbeitnehmern aus § 622 II BGB können nach § 622 IV BGB auch tarifvertraglich vereinbart werden. Zur Anwendung kommen diese Fristen nur, wenn der Arbeitgeber dem Arbeitnehmer kündigt. Beendet der Arbeitnehmer durch Kündigung das Arbeitsverhältnis, findet § 622 II BGB nur im Falle einer sog. Gleichbehandlungsabrede Anwendung.[7] Zu beachten ist zudem noch § 622 V BGB. Somit darf eine kürzere Kündigungsfrist, als in § 622 I BGB geregelt ist, einzelvertraglich nur vereinbart werden, wenn ein Arbeitnehmer nur als Aushilfe bis zu einer maximalen Dauer von drei Monaten beschäftigt wird oder der Arbeitgeber nicht mehr als 20 Arbeitnehmer beschäftigt. Dies resultiert aus der Annahme, dass Personen, die nur kurzfristig beschäftigt sind, keinen Anspruch auf verlängerte Kündigungsfristen haben wie diejenigen, die seit mehreren Jahren bzw. Jahrzehnten beschäftigt sind.

Weiterhin müssen auch Gründe vorliegen, wenn das Kündigungsschutzgesetz greifen soll (personen-, betriebs- und verhaltensbedingt).[8] Diese werden im dritten Unterabschnitt näher erläutert.

2.1.2 Außerordentliche Kündigung

Das Gegenstück zur ordentlichen Kündigung ist die außerordentliche Kündigung. Wie schon erwähnt, handelt es sich bei der außerordentlichen Kündigung um eine sofortige Kündigung, für deren Wirksamkeit keine Fristen von Nöten sein müssen.9 Weiteres Merkmal ist, dass ein wichtiger Grund vorliegen muss. Ein wichtiger Grund i.S.d. § 626 I BGB liegt vor, „wenn Tatsachen gegeben sind, auf Grund derer dem Kündigenden unter Berücksichtigung aller Umstände des Einzelfalles und unter Abwägung der Interessen beider Vertragsteile die Fortsetzung des Arbeitsverhältnisses bis zum Ablauf der Frist für eine ordentliche Kündigung oder bis zum Ablauf einer vereinbarten Befristung des Arbeitsverhältnisses nicht zugemutet werden kann.“10 Diese Definition gibt aber nur objektive Anhaltspunkte und muss einzelfallabhängig vom Gericht ausgelegt werden. Geprüft wird dies in zwei Schritten. Als erstes wird geprüft, ob ein bestimmter Sachverhalt ohne die besonderen

---

7   vgl. Lenz, 2012, §10 Rn. 54

8   vgl. Podehl, 2017, S. 101

9   vgl. Lenz, 2012, §10, Rn. 83

10   vgl. APS/Vossen, 2017, BGB § 626 Rn. 22

Umstände des Einzelfalls an sich geeignet ist, einen wichtigen Grund darzustellen und zum anderen, ob bei Berücksichtigung dieser Umstände und der Interessenabwägung die konkrete Kündigung gerechtfertigt ist.[11] Ein wichtiger Grund kann, wie bei der ordentlichen Kündigung, verhaltens-, personen- oder betriebsbedingt sein:[12]

- verhaltensbedingt: wiederholte Unpünktlichkeit, Selbstbeurlaubung
- personenbedingt: Antritt einer Freiheitsstrafe, ausnahmsweise krankheitsbedingte Minderung bzw. Wegfall der Leistungsfähigkeit
- betriebsbedingt: Betriebsstillegung (nur in Ausnahmefällen ist hier eine außerordentliche Kündigung möglich!)

Weitere Besonderheit der außerordentlichen Kündigung ist, dass diese nach § 626 II BGB innerhalb von zwei Wochen, ab Kenntnis der für die Kündigung maßgebenden Tatsachen, erfolgen muss. Zudem muss der Kündigende dem anderen Teil auf Verlangen die Gründe unverzüglich und in schriftlicher Form mitteilen.

2.2 Wirksamkeit der Kündigung

Damit eine Kündigung ihre volle Wirkung entfalten kann, muss sie dem Empfänger wirksam zugehen hinsichtlich Form, Zugang und Frist. Nach § 623 BGB bedarf die Kündigung der Schriftform. Folglich sind Kündigungsschreiben mit einer Originalunterschrift zu versehen. Nicht erforderlich ist zudem, dass das Wort „Kündigung" explizit genannt wird. Es reicht, wenn aus dem Kündigungsschreiben hervorgeht, dass das Arbeitsverhältnis beendet werden soll. Bei der ordentlichen Kündigung muss grundsätzlich kein Grund genannt werden, es sei denn, es ergibt sich aus gesetzlich normierten Ausnahmefällen wie z.B. § 9 III S. 2 Mutterschutzgesetz (MuSchG) oder § 22 III Berufsbildungsgesetz (BBiG).[13]

Eine Kündigung muss dem Empfänger zugehen. Da eine Kündigung eine einseitige, empfangsbedürftige Willenserklärung darstellt, geht sie Anwesenden zu, wenn sie diesen übergeben wird.[14] Unter Abwesenden geht sie zu, wenn sie so in den Macht-

---

[11] vgl. ErfK/Niemann, 2017, BGB § 626 Rn. 15

[12] vgl. Podehl, 2017, S. 115-116

[13] vgl. Lenz, 2012, § 10 Rn. 52

[14] vgl. Lutz, 2014, S.22

bereich des Empfängers gelangt, dass mit ihrer Kenntnisnahme durch den Adressaten zu rechnen ist, § 130 I BGB.[15] Da sich meistens bei postalischen Zustellungen Probleme ergeben, sollte hier die Übermittlung des Kündigungsschreibens durch einen Boten erfolgen oder per Einschreiben mit Rückschein.

Bei den Kündigungsfristen ist zu unterscheiden, ob es sich um eine ordentliche oder außerordentliche Kündigung handelt. Bei der ordentlichen Kündigung bestimmen sich die Fristen nach § 622 I, II BGB. Zu beachten ist hierbei, dass die verlängerten Fristen nach § 622 II BGB grundsätzlich nur Anwendung finden, wenn der Arbeitgeber kündigt.[16] Für die außerordentliche Kündigung findet § 626 II BGB Anwendung. Demnach muss die Kündigung innerhalb zwei Wochen ab Kenntnisnahme der Tatsachen vorliegen. Dem Arbeitgeber ist zudem ein bestimmter Zeitraum zuzubilligen, indem er, ohne dass die Frist des § 626 II BGB läuft, Nachforschungen zur Aufklärung des Sachverhaltes anstellen kann.[17]

2.3 Das Kündigungsschutzgesetz

Das Kündigungsschutzgesetz (KSchG), welches im Jahre 1951 in Kraft getreten ist, bildet die heutige Grundlage des Kündigungsschutzrechts. Dieses gliedert sich in vier Abschnitte. Im ersten Abschnitt geht es um den allgemeinen Kündigungsschutz, sprich wann ist eine Kündigung sozial gerechtfertigt, welche Wirksamkeitsvoraussetzungen kennt das KSchG und welche Kündigungen fallen unter dieses Gesetz. Im zweiten Abschnitt wird der Kündigungsschutz im Rahmen der Betriebsverfassung und Personalvertretung geregelt. Im dritten Abschnitt wird die Anzeigepflicht z.B. bei Massenentlassungen geregelt. Der vierte Abschnitt enthält Schlussbestimmungen.

Wann das KSchG Anwendung findet und wann eine Kündigung sozial gerechtfertigt ist, ist Gegenstand des folgenden Kapitels.

---

15 vgl. Lutz, 2014, S. 22
16 vgl. Lenz, 2012, § 10 Rn. 54
17 vgl. Lenz, 2012, § 10 Rn. 88

2.3.1 Anwendbarkeit

Das Kündigungsschutzgesetz findet Anwendung, wenn es persönlich, sachlich und räumlich anwendbar ist. Nach § 13 I KSchG finden die Vorschriften dieses Gesetzes auf außerordentliche Kündigungen keine Anwendung. Daraus folgt, dass sich das Kündigungsschutzgesetz grundsätzlich nur auf ordentliche Kündigungen bezieht.

2.3.1.1 Persönlicher Geltungsbereich

Das Kündigungsschutzgesetz gilt nur für Arbeitnehmer.[18] Arbeitnehmer ist derjenige, der aufgrund eines privatrechtlichen Vertrages für andere unselbstständige Dienste leistet. Indizien für eine Arbeitnehmereigenschaft sind Weisungsgebundenheit bezüglich der Art und Weise der Verrichtung sowie des Ortes und der Zeit.[19] Nach § 14 I findet das KSchG keine Anwendung für Mitglieder eines Organs einer juristischen Person und für Vertreter einer Personengesamtheit. Auf Geschäftsführer, Betriebsleiter und ähnlich leitende Angestellte, soweit diese für die selbstständige Einstellung und Entlassung von Arbeitnehmern befugt sind, findet das KSchG Anwendung (§ 14 II KSchG).[20]

2.3.1.2 Betrieblicher Geltungsbereich

Nachdem nun festgestellt wurde, wer alles in den Geltungsbereich des Kündigungsschutzgesetzes fällt, ist zu klären, worauf das Kündigungsschutzgesetz anwendbar ist. Grundlage hierfür bildet § 23 KSchG. Dieser ist zweigeteilt. Zum einen bleiben Arbeitnehmer kündigungsgeschützt, die am 31.12.03 in einem Betrieb mit mehr als fünf regelmäßig Beschäftigten angestellt waren. Zum anderen gilt für alle anderen Arbeitnehmer, dass sie Kündigungsschutz nur haben, wenn der Betrieb mehr als zehn Arbeitnehmer, mit Ausnahme der zu ihrer Berufsausbildung beschäftigten, aufweist.[21] Bei der Berechnung der Zahl der beschäftigten Arbeitnehmer normiert § 23 I S.4 KSchG teilzeitbeschäftigte Arbeitnehmer mit einer Wochenarbeitszeit von bis zu 20 Stunden mit 0,5 und bis zu 30 Stunden mit 0,75.

---

18   vgl. Hromadka/Maschmann, 2015, S. 433 Rn. 140
19   vgl. Lutz, 2014, S. 249+250
20   vgl. Hromadka/Maschmann, 2015, S. 433 Rn. 140
21   vgl. Küttner/Eisemann, 2017, Rn. 49

2.3.1.3 Zeitlicher Geltungsbereich

Bezüglich des zeitlichen Geltungsbereiches, also wann das Kündigungsschutzgesetz einsetzt, greift dies erst ein, wenn das Arbeitsverhältnis zum Zeitpunkt der Kündigung im selben Betrieb länger als sechs Monate bestand, § 1 I KSchG. Möglich ist aber auch eine tarif- oder arbeitsvertragliche Regelung, die den Kündigungsschutz früher beginnen lässt.[22] Der Grundgedanke zu dieser Wartezeit ist der, um eine beiderseitige „Erprobungszeit" herbeizuführen. Dieser korrespondiert auch mit der üblichen Probezeit von sechs Monaten bei Beginn eines Arbeitsverhältnisses. So hat der Arbeitgeber die Möglichkeit, den neuen Mitarbeiter zu „testen", ob dieser zu dem Unternehmen passt.

2.3.2 Soziale Rechtfertigung

Nachdem der Anwendungsbereich des Kündigungsschutzgesetzes eröffnet ist, muss die Kündigung nach § 1 II KSchG sozial gerechtfertigt sein. Dies ist der Fall, wenn sie nicht durch Gründe, die in der Person oder in dem Verhalten des Arbeitnehmers liegen, oder durch dringende betriebliche Erfordernisse, die eine Weiterbeschäftigung des Arbeitnehmers in diesem Betrieb entgegenstehen, bedingt ist (§1 II S.1 KSchG).

Des Weiteren hat bei der Beurteilung der sozialen Rechtfertigung eine Interessenabwägung stattzufinden, die aber nur für die personen- und verhaltensbedingte Kündigung in Betracht kommt. Bei der betriebsbedingten Kündigung ist die Kündigung sozial gerechtfertigt, wenn dringende betriebliche Erfordernisse entgegenstehen, die eine Weiterbeschäftigung ausschließt. Somit findet die Interessenabwägung im Wege der Sozialwahl statt.[23] Bei der Sozialauswahl muss der Arbeitgeber nach § 1 III KSchG bei der Auswahl der Arbeitnehmer die Dauer der Betriebszugehörigkeit, das Lebensalter, die Unterhaltspflichten sowie etwaige Schwerbehinderungen berücksichtigen. Tut er dies nicht, ist die Kündigung sozial ungerechtfertigt und unwirksam.

---

[22] vgl. Hromadka/Maschmann, 2015, S. 434 Rn. 141
[23] vgl. Linck, Schaub, 2017, §130 Rn. 31

2.3.3 Klagefrist

Damit ein Arbeitnehmer die Rechtsunwirksamkeit seiner Kündigung geltend machen kann, muss er die Klagefrist nach § 4 KSchG einhalten. Folglich muss er drei Wochen ab Zugang der schriftlichen Kündigung Klage beim Arbeitsgericht auf Feststellung erheben. Für die Wahrung der Frist kommt es auf den Zeitpunkt der Klageeinreichung beim Gericht an. Die Erhebung der Klage erfolgt zwar nach § 253 I der Zivilprozessordnung (ZPO) durch Zustellung, jedoch reicht es nach § 167 ZPO aus, wenn die Klage demnächst eingereicht wird.[24]

Die Zustellung erfolgt demnächst, wenn die Klage innerhalb einer den Umständen nach angemessenen Frist zugestellt wird. Was angemessen ist, wird durch eine wertende Betrachtung erörtert. Entscheidend ist somit hierbei, ob der Kläger „durch nachlässiges Verhalten zu einer nicht nur geringfügigen Verlängerung der Zeitspanne zwischen Einreichung und Zustellung der Klage beigetragen hat."[25] Somit sollte der Arbeitnehmer sofort nach Zugang seiner Kündigung die Klage beim Arbeitsgericht erheben. Zudem hat er die Möglichkeit, nach § 6 KSchG bis zum Ende der mündlichen Verhandlung weitere Gründe darzulegen, die nicht in der Klageschrift aufgeführt waren, die gegen eine rechtswirksame Kündigung sprechen.

---

[24] vgl. BeckOK, ArbR/Kerwer, KSchG § 4 Rn. 68
[25] vgl. BeckOK, ArbR/Kerwer, KSchG §4 Rn. 70

3 Die krankheitsbedingte Kündigung als Unterfall der personenbedingten Kündigung

Nachdem nun im ersten Kapitel die verschiedenen Kündigungsarten sowie das Kündigungsschutzgesetz vorgestellt worden sind, wird in diesem Kapitel der besondere Unterfall der personenbedingten Kündigung vorgestellt.

Der Krankenstand ist in den letzten Jahren wieder angestiegen. Der Tiefpunkt von krankheitsbedingten Fehlzeiten war im Jahr 2007. Hier waren 3,22 % der Versicherten krankgeschrieben. Im Jahr 2016 waren es 4,25 %. Somit wurde ein Anstieg von krankheitsbedingten Fehlzeiten von 1,03 % in neun Jahren verzeichnet. Der Krankenstand ist zwar von 2016 auf 2017 um 0,01 % auf 4,24 % zurückgegangen, dennoch ist dieser Abfall so minimal, dass eine Besserung nicht groß zu erwarten wäre. Die folgende Abbildung verdeutlicht den Krankenstand von 1991 bis 2017.[26]

Abbildung 1: Durchschnittlicher Krankenstand in der gesetzlichen Krankenversicherung (GKV) in den Jahren 1991 bis 2017[27]

---

[26] vgl. BMG, 2017

[27] Quelle: BMG. (n.d.). Durchschnittlicher Krankenstand in der gesetzlichen Krankenversicherung (GKV) in den Jahren 1991 bis 2017. In *Statista - Das Statistik-Portal*. Zugriff am 23. August 2017, von https://de.statista.com/statistik/daten/studie/5520/umfrage/durchschnittlicher-krankenstand-in-der-gkv-seit-1991/

Die Kündigung wegen Krankheit ist die in der Praxis am schwierigsten zu handhabende Kündigung. Das Problem besteht darin, dass das Arbeitsverhältnis ein Dauerschuldverhältnis mit Fixschuldcharakter ist. Zudem normiert § 613 BGB, dass die Arbeitsleistung im Zweifel persönlich zu erbringen ist. Aus diesem Synallagma (Austauschverhältnis) folgt nun das Problem, dass für den Arbeitnehmer eine Störung dieses Austauschs-/Äquivalenzverhältnisses zur Folge hat, dass er seine Leistungspflichten nicht erbringen kann, §§ 275, 326 I BGB. Daraus folgen wiederum zwei Probleme. Zum einen entfällt die Leistungspflicht des Arbeitnehmers, wenn er arbeitsunfähig krank ist wegen Unmöglichkeit nach § 275 I BGB und zum anderen gilt § 275 III BGB, wenn der Arbeitnehmer erkrankt, aber objektiv nicht arbeitsunfähig ist wie z.B. bei einer Erkältung. Folge daraus ist, dass die Leistungspflicht des Arbeitgebers, nämlich die Zahlung der Vergütung nach § 326 I BGB, auch entfällt. Eine Ausnahme hier bildet das Entgeltfortzahlungsgesetz (EFZG). Nach § 3 I S. 1 EFZG hat der Arbeitgeber die Pflicht, die Vergütung weiter zu zahlen, wenn der Arbeitnehmer infolge von Krankheit an seiner Arbeitsleistung verhindert wird, ohne dass ihn ein Verschulden trifft.[28]

3.1 Der Krankheitsbegriff

Um die Kündigung aufgrund von Krankheit ausreichend zu erörtern, ist es zunächst wichtig, den Begriff einer „Krankheit" zu definieren. Zentrale Bedeutung hat hier neben dem medizinischen Begriff der Krankheit auch § 3 EFZG.

Krankheit im medizinischen Sinne ist jeder regelwidriger körperlicher oder geistiger Zustand, der die Notwendigkeit einer Heilbehandlung zur Folge hat, durch die die Krankheit erträglich gemacht, ihre Folgen gelindert oder eine drohende Verschlechterung verhindert werden kann. Der arbeitsrechtliche Krankheitsbegriff leitet sich von diesem ab.[29] Zudem muss im Arbeitsrecht eine Arbeitsunfähigkeit infolge einer Krankheit daraus resultieren.

Nach § 3 EFZG kommt als Krankheit jeder regelwidrige Körper- und Geisteszustand in Betracht. Somit kann Krankheit auch Alkoholabhängigkeit darstellen, wenn der Arbeitnehmer selbst die Kontrolle über den Konsum verliert und diesen selbst

---

[28] vgl. Schunder, NZA-Beilage, 2015, 90

[29] vgl. APS/Vossen, KSchG §1 Rn. 135

nicht mehr aufgeben oder reduzieren kann. Dasselbe gilt auch für Drogen- und Nikotinabhängigkeit. Selbst eine Schönheitsoperation kann eine Krankheit darstellen, wenn diese sich als notwendig erweist, einen psychischen Leidenszustand aus nicht unerheblichem Gewicht zu vermeiden.[30] Für das Arbeitsrecht ist der Begriff der Krankheit nicht alleine zielführend. Vielmehr muss eine Arbeitsunfähigkeit vorliegen.

Die Arbeitsunfähigkeit wird in der Arbeitsunfähigkeitsrichtlinie geregelt. Demnach gilt als arbeitsunfähig derjenige, wer aufgrund von Krankheit seine ausgeübte Tätigkeit nicht mehr oder nur unter der Gefahr der Verschlimmerung der Erkrankung ausführen kann, § 2 I S.1 Arbeitsunfähigkeitsrichtlinie. In Satz 3 wird außerdem klargestellt, dass Arbeitsunfähigkeit auch dann vorliegt, wenn aufgrund eines bestimmten Krankheitszustandes, der für sich allein noch keine Arbeitsunfähigkeit bedingt, absehbar ist, dass aus der Ausübung der Tätigkeit gesundheitlich abträgliche Folgen erwachsen, die eine Arbeitsunfähigkeit unmittelbar hervorrufen. Andererseits liegt keine Arbeitsunfähigkeit vor in Zeiten, wo sich der Arbeitnehmer in ärztliche Behandlung zu diagnostischen oder therapeutischen Zwecken begibt, ohne dass diese Maßnahmen selbst zu einer Arbeitsunfähigkeit führen.[31]

Das führt dazu, dass der Arbeitgeber erst zur Lohnfortzahlung verpflichtet ist, wenn eine Arbeitsunfähigkeit i.S.d. Arbeitsunfähigkeitsrichtlinie vorliegt. Dies muss grundsätzlich durch ein Attest bzw. einer Arbeitsunfähigkeitsbescheinigung durch einen zugelassenen Arzt geschehen.

---

[30] vgl. BeckOK ArbR/Ricken EFZG § 3 Rn. 10-11
[31] vgl. Küttner, 2017, Rn. 2-3

3.2 Die Fallgruppen der personenbedingten Kündigung aufgrund von Krankheit

Damit eine Kündigung aufgrund von Krankheit Erfolg hat, muss diese sozial gerechtfertigt sein. Dies ist der Fall, *wenn* zum Zeitpunkt des Kündigungszugangs auf Grund der objektiven Umstände, auf eine Arbeitsunfähigkeit auf nicht absehbare Zeit zu schließen ist und gerade diese Ungewissheit zu unzumutbaren betrieblichen oder wirtschaftlichen Belastungen führt.[32] Aus diesem Grundsatz haben sich vier sog. Fallgruppen gebildet, in denen eine soziale Rechtfertigung Bestand hat:

- Häufige Kurzerkrankungen

- Langandauernde Erkrankungen

- Dauerhaft krankheitsbedingte Fehlzeiten

- Krankheitsbedingte Minderung der Leistungsfähigkeit

Weiterhin müssen zudem folgende Voraussetzungen für eine krankheitsbedingte Kündigung vorliegen, die sich durch ständige Rechtsprechung des BAG herausgebildet haben und ohne diese eine soziale Rechtfertigung nicht in Betracht kommt und dadurch die Kündigung unwirksam wäre.

1. Stufe: Negative Zukunftsprognose

In der ersten Stufe muss eine negative Gesundheitsprognose bejaht werden können, also dass sich der Gesundheitszustand im Blick auf die Zukunft nicht verbessern wird. Zunächst ist nun zu erörtern, wann eine negative Gesundheitsprognose gegeben ist.

Maßgeblicher Zeitpunkt für eine negative Zukunftsprognose ist der Zeitpunkt des Ausspruchs der Kündigung. Nach Ausspruch der Kündigung kann die tatsächliche Entwicklung des Gesundheitszustandes weder zur Bestätigung, noch zur Korrektur der Gesundheitsprognose verwertet werden. Das BAG vertritt diese Annahme, stellt aber darauf ab, dass es nicht unzulässig sei, die spätere Entwicklung in Blick zu nehmen, soweit sich diese Prognose bestätigt. Nur, wenn nach Ausspruch der Kündigung ein neuer Kausalverlauf in Gang tritt, kann dieser nicht zur Bestätigung oder zur Korrektur der Prognose herangezogen werden. Grund hierfür ist, dass ein

---

[32] vgl. Schunder, NZA-Beilage, 2015, 90

neuer Kausalverlauf nichts über die objektive der zum Kündigungszeitpunkt erstellten Prognose besagt.[33]

In einem Urteil des LAG Mecklenburg-Vorpommern wurde entschieden, dass Erkrankungen, die durch einen Unfall geschehen sind, wie hier im Urteil ein eingeklemmter Nerv, eine Rückenerkrankung, eine Lebenskrise aufgrund einer Scheidung und eine negative Zukunftsprognose nicht rechtfertigen, da bei diesen Erkrankungen ein wiederholtes Auftreten nicht zu erwarten wäre.[34]

2. Stufe: Erhebliche Beeinträchtigung betrieblicher Interessen

Nachdem es dem Arbeitgeber gelungen ist eine negative Gesundheitsprognose darzulegen, muss als zweite Voraussetzung aus der Erkrankung eine erhebliche Beeinträchtigung betrieblicher Interessen resultieren. Die betrieblichen Interessen werden insbesondere dann beeinträchtigt, wenn die künftig zu erwartenden Fehlzeiten voraussichtlich dazu führen werden, dass der Arbeitgeber für jeweils mehr als 6 Wochen pro Kalenderjahr Entgeltfortzahlung leisten muss.[35] Ein Arbeitsausfall von einem Drittel der Arbeitszeit innerhalb eines Zeitraums von zwei Jahren kann dagegen als zumutbar gelten. Die betrieblichen sowie die wirtschaftlichen Interessen können sich außerdem durch eine erhebliche Störung des betrieblichen Ablaufs sowie der entstehenden wirtschaftlichen Belastung ergeben. Zudem können die entstandenen und künftig zu erwartenden Lohnfortzahlungskosten die betrieblichen Interessen erheblich beeinträchtigen.[36] Dies ist insoweit nachvollziehbar, da unnötige Lohnfortzahlungskosten ein Unternehmen, vor allem kleinere Unternehmen, in den finanziellen Ruin treiben können bis hin zur Schließung und Insolvenz. Aus diesem Grund sollte hier streng geprüft werden, da es immer mehr Arbeitnehmer gibt, die im Unternehmen krankgemeldet sind, obwohl sie gar nicht krank sind.

3. Stufe: Interessenabwägung

Als dritte Prüfungsstufe einer personen- bzw. krankheitsbedingten Kündigung steht die Interessenabwägung. Hier muss nach Maßstab des § 626 BGB eine Fortsetzung des Arbeitsverhältnisses unter Abwägung der Interessen beider Vertrags-

---

33 vgl. Richter, ArbRAktuell, 2015, 237

34 vgl. Richter, ArbRAktuell, 2017, 403

35 vgl. Richter, ArbRAktuell, 2017, 403

36 vgl. BeckOK ArbR/Stoffels BGB § 626 Rn. 144

teile nicht zugemutet werden. Auf Seiten des Arbeitnehmers liegt das Interesse darin seinen Arbeitsplatz zu behalten, wobei auf Seiten des Arbeitgebers zu prüfen ist, ob die Störung des Arbeitsverhältnisses so gewichtig ist, dass die erheblichen betrieblichen und wirtschaftlichen Interessen überwiegen.[37]

Auf Seiten des Arbeitnehmers sind zudem alle Gesichtspunkte zu berücksichtigen, die im Zusammenhang mit dem Arbeitsverhältnis stehen, wie z.B. die Dauer der Betriebszugehörigkeit und die Ursache der fehlenden Eignung durch einen Arbeitsunfall, einer Berufskrankheit oder sonstigen belastenden Arbeitsbedingungen wie Lärm, Hitze etc. Ferner ist zu prüfen, ob die krankheitsursächlichen Bedingungen den öffentlichen Schutzbestimmungen entsprechen und ob der Betriebsrat ordnungsgemäß nach § 87 I Nr. 7 Betriebsverfassungsgesetz (BetrVG) beteiligt worden ist.[38]

Auf Seiten des Arbeitgebers sind, wie oben schon erwähnt, alle betrieblichen und wirtschaftlichen Interessen zu berücksichtigen. Dies ist der Fall, wenn diese durch die mangelnde Eignung des Arbeitnehmers herbeigeführt worden sind. Hier spielt vor allem der finanzielle Aufwand des Arbeitgebers eine wichtige Rolle, da der Arbeitgeber eine beachtliche Höhe von Entgeltfortzahlungskosten tragen muss.[39]

Somit muss bei jeder krankheitsbedingten Kündigung eine Abwägung der Interessen beider Vertragsteile stattfinden, um diese wirksam durchsetzen zu können. Dies ist in der Praxis nicht immer einfach, da sich immer wieder neue Fallkonstellationen bilden, in denen meist das BAG erst entscheiden muss, wie mit diesen zu verfahren ist.

Des Weiteren darf die Kündigung nur als letztmögliche Lösung (Ultima-Ratio) in Betracht kommen. Im Nachfolgenden werden nun alle vier Fallgruppen näher erläutert sowie die Prüfung der drei Stufen (negative Zukunftsprognose, erhebliche Beeinträchtigung betrieblicher Interessen, Interessenabwägung) aufgezeigt.

---

[37] vgl. BeckOK ArbR/Rolfs KSchG § 1 Rn. 118
[38] vgl. BeckOK ArbR/Rolfs KSchG § 1 Rn. 120
[39] vgl. BeckOK ArbR/Rolfs KSchG § 1 Rn. 121

3.2.1 Häufige Kurzerkrankungen

Die erste Fallgruppe stellen sog. häufige Kurzerkrankungen dar. Diese zeichnen sich dadurch aus, dass der Arbeitnehmer seiner Verpflichtung zur Arbeitsleistung häufig für kurze Zeiträume nicht nachkommt. Für den Arbeitgeber ist hier nicht kalkulierbar, wann der Arbeitnehmer und für wie lange er seiner Arbeitsleistung nicht nachkommt.[40] Dies stellt, wie schon mehrmals erwähnt, ein hohes finanzielles Risiko für den Arbeitgeber dar, weil er im Unwissen ist, wie lange der Arbeitnehmer tatsächlich ausfällt. Dies wird zudem noch bestärkt durch die Tatsache, dass bei der Arbeitsunfähigkeitsbescheinigung des behandelnden Arztes für den Arbeitgeber nicht ersichtlich ist, welche Erkrankung vorliegt. Die Prüfung erfolgt anhand der vom BAG entwickelten oben genannten Stufen.

3.2.1.1 Negative Zukunftsprognose

Häufige Kurzerkrankungen in der Vergangenheit können eine negative Gesundheitsentwicklung indizieren und folglich daraus eine negative Zukunftsprognose rechtfertigen. Sind in den vergangenen zwei bis drei Jahren Fehlzeiten von über sechs Wochen pro Jahr aufgetreten, so ist eine negative Zukunftsprognose zu bejahen. Dies gilt aber nicht, wenn die Krankheiten ausgeheilt sind. Zudem ist es unerheblich, ob die Krankheiten unterschiedlichen Ursprungs sind.[41] Dies sah auch das BAG so und urteilte, dass, abgestellt auf den Kündigungszeitpunkt, objektive Tatsachen vorliegen müssen, die die Besorgnis weiterer Erkrankungen im bisherigen Umfang rechtfertigen würden.[42] Wenn die bisherigen Fehlzeiten auf Erkältungs- oder Entzündungserkrankungen basieren, liegt bei solchen Erkrankungen, wenn keine entsprechenden Therapiemaßnahmen ergriffen wurden, grundsätzlich die Gefahr einer Wiederholung nahe, selbst wenn die akuten Erkrankungsfälle ausgeheilt sind.[43]

Bei einer negativen Indizwirkung hat der Arbeitnehmer nach § 138 II Zivilprozessordnung (ZPO) darzulegen, weshalb mit einer baldigen Genesung zu rechnen ist,

---

[40] vgl. Hamann, 2009, S. 16

[41] vgl. Lingemann/Ludwig ArbRAktuell, 2010, 409

[42] vgl. BAG Urteil vom 07.11.2002 – 2 AZR 599/01

[43] vgl. BAG Urteil vom 10.11.2005 – 2 AZR 44/05

wobei er seiner prozessualen Mitwirkungspflicht schon dann genügt, wenn er seinerseits vorträgt, die ihn behandelnden Ärzte hätten die gesundheitliche Entwicklung positiv beurteilt und er sie von ihrer Schweigepflicht entbunden hat.[44]

3.2.1.2 Erhebliche Beeinträchtigung betrieblicher Interessen

Als nächster Punkt muss geprüft werden, ob durch die häufigen Kurzerkrankungen die betrieblichen Interessen erheblich beeinträchtigt werden.

Im Vordergrund stehen hier die erheblichen Entgeltfortzahlungskosten. Fraglich ist, ob diese eine erhebliche Beeinträchtigung darstellen. Nach Rechtsprechung des BAG stellen die entstandenen und zukünftig erwartenden Entgeltfortzahlungskosten, die jeweils für einen Zeitraum von mehr als sechs Wochen jährlich aufzuwenden sind, eine erhebliche Beeinträchtigung der betrieblichen Interessen dar.[45]

Maßgeblich, ob die Beeinträchtigung der betrieblichen Interessen bejaht werden kann, hängt davon ab, wie die Negativprognose ausfällt. Nimmt man an, dass die Gesundheitsprognose positiv verläuft, also dass diese bejaht werden kann, sind die betrieblichen Interessen erheblich beeinträchtigt, da mit keiner Besserung in der Zukunft zu rechnen ist. Wird im Gegensatz die Negativprognose verneint, also dass der Gesundheitszustand des Arbeitnehmers sich nicht weiter verschlimmern wird, so kann eine erhebliche Beeinträchtigung der betrieblichen Interessen verneint werden.

Auch das Landesarbeitsgericht (LAG) Rheinland-Pfalz sah es ähnlich. In einem zu entscheidenden Fall wurden bis zum Zeitpunkt der Kündigung 47.010,91 € an Entgeltfortzahlungskosten geleistet, da alljährlich in einem Zeitraum von mehr als sechs Wochen Entgeltfortzahlungskosten geleistet worden sind. [46]

3.2.1.3 Interessenabwägung

Als letzter Prüfungspunkt muss eine Interessenabwägung beider Vertragsparteien stattfinden.

Hier müssen die Arbeitsgerichte nun prüfen, ob die betriebliche Beeinträchtigung durch die Krankheit des Arbeitnehmers auf Grund der Besonderheiten des Einzelfalles vom Arbeitgeber billigerweise noch hinzunehmen ist oder ihn überfordert.

---

44 vgl. LAG Rheinland-Pfalz Urteil vom 18.09.2014 – 7 Sa 142/14

45 vgl. BAG Urteil vom 10.11.2005 – 2 AZR 44/05

46 vgl. LAG Rheinland-Pfalz Urteil vom 18.09.2014 – 7 Sa 142/14

Demnach müssen u. a. die familiären Verhältnisse, insbesondere Unterhaltspflichten sowie eine mögliche Schwerbehinderteneigenschaft, berücksichtigt werden.[47]

Ferner muss zudem berücksichtigt werden, ob die Krankheit auf betriebliche Ursachen zurückzuführen ist, wie lange das Arbeitsverhältnis ungestört verlaufen ist und ob der Arbeitgeber eine Personalreserve vorhält und etwa neben Betriebsablaufstörungen auch noch hohe Entgeltfortzahlungskosten aufzuwenden hatte.[48]

Die Abwägung dieser Interessen wird meist durch ständige Rechtsprechung entschieden. Somit ist immer von Einzelfall zu Einzelfall zu entscheiden, ob eine personenbedingte Kündigung aufgrund von häufigen Kurzerkrankungen sozial gerechtfertigt ist oder nicht. Hat ein Arbeitgeber bspw. sehr hohe Entgeltfortzahlungskosten zu leisten und hat der betroffene Arbeitnehmer in der Vergangenheit schon Abmahnungen bezüglich Krankheit oder auch anderen Dingen erhalten, die das Vertrauensverhältnis gestört hätten können, ist mit großer Wahrscheinlichkeit eine Kündigung sozial gerechtfertigt (nach Prüfung und Bejahung aller vorangegangen Prüfungspunkte).

3.2.2 Langandauernde Erkrankungen

Die zweite Fallgruppe stellen die sog. langandauernden Erkrankungen dar. Ist ein Arbeitnehmer schon länger erkrankt, stellt dies ein erstes Indiz dafür dar, dass diese Erkrankung noch länger andauern wird. Eine lang anhaltende Krankheit, für die es keinen festen Bemessungszeitraum gibt, ist bei einem fünf Jahre bestehenden Arbeitsverhältnis jedenfalls nicht bereits bei einer zweimonatigen Krankheit anzunehmen.[49]

Zentrale Rolle bei dieser Fallgruppe kommt der negativen Zukunftsprognose zu, da diese Informationen darüber gibt, ob sich die Krankheit „ausheilen" lässt oder ob diese länger andauert.

---

[47] vgl. BAG Urteil vom 10.11.2005 – 2 AZR 44/05
[48] vgl. BAG Urteil vom 08.10.2015 – 2 Ca 788/14
[49] vgl. APS/Vossen KSchG § 1 Rn. 142-144

3.2.2.1 Negative Zukunftsprognose

Eines der entscheidendsten Punkte bei der Kündigung aufgrund von langandauernden Erkrankungen ist die negative Zukunftsprognose, denn sie grenzt ab, ob nur kurzzeitige oder langandauernde Krankheiten vorliegen.

Maßgebliche Beurteilungsgrundlagen für die Rechtmäßigkeit einer Kündigung sind die objektiven Verhältnisse zum Zeitpunkt der Kündigung.[50] Für die negative Prognose bei einer langandauernden Erkrankung ist es also entscheidend, dass der Arbeitnehmer bei Zugang der Kündigung tatsächlich erkrankt ist und dass damit zu rechnen sein muss, dass dieser Zustand noch längere Zeit andauern wird. Das BAG nimmt dies an, wenn der Arbeitnehmer seit 18 Monaten erkrankt ist und eine Besserung des Gesundheitszustandes nicht in Sicht sei. Ferner ist dies auch der Fall, wenn zum Zeitpunkt des Zugangs der Kündigungserklärung der Arbeitnehmer bereits acht Monate krank war und mit einer Besserung innerhalb der nächsten zwei Jahre nicht gerechnet werden konnte.[51]

Somit muss, im Gegensatz zu häufigen Kurzerkrankungen, schon zum Zeitpunkt der Kündigungserklärung eine Krankheit vorliegen, oder wenigstens eine achtmonatige Erkrankung mit negativer Entwicklung des Gesundheitszustandes in der Zukunft bestehen.

3.2.2.2 Erhebliche Beeinträchtigung betrieblicher Interessen

Die erheblichen Beeinträchtigungen der betrieblichen Interessen folgen bei langandauernden Erkrankungen den Regeln der häufigen Kurzerkrankungen. Weiterhin anzumerken sei hier, dass auf dieser Prüfungsstufe zu prüfen ist, ob die voraussichtliche Ausfallzeit durch Einstellung einer Aushilfskraft überbrückt werden kann. Nach Rechtsprechung des BAG kann dem Arbeitgeber sogar zugemutet werden, einen anderen Arbeitnehmer unbefristet einzustellen, der nach der Wiederherstellung der Arbeitsfähigkeit des erkrankten Mitarbeiters aus betriebsbedingten Gründen gekündigt werden kann.[52]

---

[50] vgl. BAG Urteil vom 21.02.2001 – 2 AZR 558/99

[51] vgl. BeckOK ArbR/Rolfs KSchG § 1 Rn. 172

[52] vgl. Michels/Heussen/Hamm, § 8 Rn. 127

Sind dem Arbeitgeber etwaige Überbrückungsmaßnahmen, wie z. B. eben schon erwähnt, die Einstellung von Aushilfsarbeitskräften auf unbestimmte Zeit, Durchführung von Mehrarbeit, personelle Umorganisation sowie sonstige organisatorische Umstellungen nicht möglich, so sind die erheblichen Beeinträchtigungen betrieblicher Interessen regelmäßig zu bejahen.[53] Wirtschaftlich gesehen sind hier nochmals die extrem hohen Lohnfortzahlungskosten zu nennen.[54]

3.2.2.3 Interessenabwägung

Auch bei langandauernden Erkrankungen ist eine Interessenabwägung von Nöten, auch wenn diese eindeutig erscheinen mag. Die Grundgedanken der Interessenabwägung bei häufigen Kurzerkrankungen finden gleichermaßen Anwendung.

Allerdings sollte beachtet werden, dass der Arbeitgeber Überbrückungsmaßnahmen ergreifen muss und diese unter Umständen ihm nicht zugemutet werden können. Des Weiteren kann dies aber ausnahmsweise zugemutet werden, wenn eine besondere Schutzbedürftigkeit des Arbeitnehmers besteht.[55]

Dies sah auch das Arbeitsgericht Ulm so. Die Interessenabwägung kann nur bei Vorliegen einer besonderen Schutzbedürftigkeit des Arbeitnehmers zu dem Ergebnis führen, dass der Arbeitgeber trotz der erheblichen Störung auf nicht absehbare Zeit deren Fortsetzung des Arbeitsverhältnisses billigerweise hinnehmen muss.[56]

3.2.3 Dauerhaft krankheitsbedingte Leistungsunfähigkeit

Im Gegensatz zu langandauernden Erkrankungen ist bei einer dauerhaft krankheitsbedingten Leistungsunfähigkeit keine Wiederherstellung der Arbeitsfähigkeit zu erwarten. Daher sind die Prüfungspunkte bei dieser Fallgruppe relativ einfach zu beantworten. Manche Punkte werden eindeutig erscheinen, jedoch wird hier nochmal auf die Besonderheiten eingegangen.

---

[53] vgl. BAG: Krankheitsbedingte Kündigung, NJW 2000, 893
[54] vgl. MüKoBGB/Hergenröder KSchG § 1 Rn. 173
[55] vgl. MüKoBGB/Hergenröder KSchG § 1 Rn.174
[56] vgl. ArbG Ulm Urteil vom 20.08.2010 – 1 Ca 74/10

3.2.3.1 Negative Zukunftsprognose

Die negative Zukunftsprognose ist, vorangestellt, in diesem Fall immer zu bejahen, da bei einer dauerhaft krankheitsbedingten Leistungsunfähigkeit keine Besserung eintreten wird. Für den Arbeitgeber genügt hierfür seine Darlegungslast, wenn er die bisherige Dauer der Erkrankung und die ihm bekannten Krankheitsursachen darlegt.[57] Nichtsdestotrotz muss auf jeden Fall eine negative Zukunftsprognose von einem zugelassenen Arzt attestiert werden.

Dem Fall der dauerhaft krankheitsbedingten Leistungsunfähigkeit hat das BAG den Fall der völligen Ungewissheit über das Ende der Arbeitsunfähigkeit des Arbeitnehmers gleichgestellt. Es wurde auch klargestellt, dass auf Grund der Sachlage innerhalb der nächsten zwei Jahre mit einer anderen als der negativen Zukunftsprognose nicht gerechnet werden darf.[58]

Folglich kann somit die negative Zukunftsprognose immer bejaht werden, denn bei einer dauerhaft krankheitsbedingten Leistungsunfähigkeit handelt es sich meist um Erkrankungen, die den Arbeitnehmer dauerhaft in seiner Arbeitsfähigkeit beeinträchtigen, als diese zu Beginn des Arbeitsverhältnisses noch vorhanden war.

3.2.3.2 Erhebliche Beeinträchtigung betrieblicher Interessen

Genau wie die negative Zukunftsprognose ist auch bei einer dauerhaft krankheitsbedingten Leistungsunfähigkeit in aller Regel von einer erheblichen Beeinträchtigung der betrieblichen Interessen auszugehen.[59]

Die dauernde Leistungsunfähigkeit führt regelmäßig zu einer Störung des Arbeitsverhältnisses und demnach auch zwangsläufig zu einer erheblichen Beeinträchtigung der betrieblichen Interessen. In solch einem Fall muss der Arbeitgeber die betriebliche Beeinträchtigung weder beweisen noch darlegen. Dennoch ist die Leistungsunfähigkeit objektiv festzustellen.[60]

Dies wird zudem noch bestärkt durch die Tatsache, dass der Arbeitnehmer zu Beginn des Arbeitsverhältnisses mit seiner damals tatsächlichen Arbeitsfähigkeit eingestellt worden ist. Hat sich nun diese Arbeitsfähigkeit verschlechtert, so wird klar,

---

[57] vgl. BAG Urteil vom 13.05.2015 – 2 AZR 565/14

[58] MüKoBGB/Hergenröder KSchG § 1 Rn. 176

[59] vgl. BAG Urteil vom 13.05.2015 – 2 AZR 565/14

[60] MüKoBGB/Hergenröder KSchG § 1 Rn. 175

dass der Arbeitnehmer seiner Leistungspflicht nicht in vollem Umfang nachkommen kann.

3.2.3.3 Interessenabwägung

Auch im Rahmen der Interessenabwägung folgt aus dem Verhältnismäßigkeitsgrundsatz, dass der Arbeitgeber dem Arbeitnehmer einen leidensgerechten Arbeitsplatz anbieten muss. Beruht die dauernde Leistungsunfähigkeit auf einer Berufskrankheit, so sollte geprüft werden, ob durch Umgestaltung des Arbeitsplatzes die Leistungsfähigkeit wieder hergestellt werden kann.[61]

Andernfalls hat der Arbeitgeber einen leidensgerechten Arbeitsplatz durch Ausübung seines Direktionsrechtes frei zu machen sowie sich um die eventuelle Zustimmung des Betriebsrates nach § 99 I BetrVG zu kümmern. Diese Pflicht zur Umorganisation entfällt, wenn der Arbeitnehmer auch auf anderen, leidensgerechten Arbeitsplätzen nicht einsetzbar ist oder eine geänderte Organisation des Betriebes nicht möglich ist. Zudem kann sich aus dem Grundsatz der Verhältnismäßigkeit auch die Verpflichtung des Arbeitgebers ergeben, dass er, vor Ausspruch einer Kündigung, dem Arbeitnehmer die Chance bietet, eventuelle Behandlungsmaßnahmen zu ergreifen.[62] Dies erscheint aber bei einer dauerhaften geminderten Leistungsunfähigkeit als nicht besonders effektiv, da schon eine negative Prognose mit dem Inhalt gegeben wurde, dass sich der Gesundheitszustand langfristig nicht verbessern wird. Es können höchstens Behandlungsmaßnahmen ergriffen werden, um den Arbeitnehmer für einen möglichen leidensgerechten Arbeitsplatz einsetzen zu können.

3.2.4 Krankheitsbedingte Minderung der Leistungsfähigkeit

Die vierte und letzte Gruppe stellt die sog. krankheitsbedingte Minderung der Leistungsfähigkeit dar.

Diese ist gegeben, wenn der Arbeitnehmer auf Grund von Krankheit unter der von ihm zu verlangenden individuellen Normalleistung erheblich zurückbleibt. Diese subjektive Bezugsgröße ergibt sich daraus, dass das BAG die vom Arbeitnehmer zu

---

[61] vgl. MüKoBGB/Hergenröder KSchG § 1 Rn. 175

[62] vgl. Schaub/Koch, 2017

erwartende Leistung im Sinne des § 611 I BGB nach subjektiven Kriterien bestimmt, ausgehend von den individuellen Leistungen des einzelnen Arbeitnehmers.[63]

Auch in den folgenden drei Prüfungspunkten ergeben sich nur geringe Abweichungen bzw. Besonderheiten zu den vorangestellten Erläuterungen.

3.2.4.1 Negative Zukunftsprognose

Die vorangegangenen Ausführungen zur negativen Zukunftsprognose gelten hier entsprechend. Demnach muss eine, von einem zugelassenen Arzt, Leistungsminderung attestiert werden, die auf Krankheit beruht.

Im Gegensatz zur dauerhaften krankheitsbedingten Leistungsunfähigkeit ist es hier entscheidend, dass die Normalleistung, die die ganze Zeit präsent war, auf Grund von Krankheit gemindert worden ist. Hier kann die negative Prognose ergeben, ob sich daraus eine dauerhafte Leistungsunfähigkeit ergibt oder ob es ein Zustand ist, der nach eventuellen Heilbehandlungen wiederhergestellt werden kann.

3.2.4.2 Erhebliche Beeinträchtigung betrieblicher Interessen

Durch die Leistungsminderung müssen nach der negativen Zukunftsprognose die betrieblichen Interessen erheblich beeinträchtigt sein.

Dies ist der Fall, wenn die Leistungsfähigkeit erheblich beeinträchtigt ist, also ein objektiv messbarer Leistungsabfall in qualitativer und quantitativer Hinsicht besteht. Folglich wird dadurch die wirtschaftliche Belastung des Arbeitgebers in unzumutbarer Weise beeinträchtigt, da der gezahlten Vergütung keine adäquate Gegenleistung mehr gegenübersteht.[64] Des Weiteren kann der erkrankte Arbeitnehmer auch nicht mehr im Bereich des Leistungslohns eingesetzt werden.[65] Das BAG hat zudem entschieden, dass, wenn nach objektiven Kriterien nur noch zwei Drittel der Normalleistung vorhanden sind, die Rechtswirksamkeit einer Kündigung gegeben ist.[66]

---

63 vgl. MüKoBGB/Hergenröder KSchG § 1 Rn. 177

64 vgl. APS/Vossen, KSchG §1 Rn. 249a

65 vgl. BAG Urteil vom 26.09.1991 – 2 AZR 132/91

66 vgl. APS/Vossen, KSchG §1 Rn. 250

3.2.4.3 Interessenabwägung

Wie schon bei den Beeinträchtigungen der betrieblichen Interessen erwähnt, muss bei der Interessenabwägung eine nicht zumutbare Belastung des Arbeitgebers bestehen.

Hierbei ist insbesondere zu berücksichtigen, ob die Erkrankungen auf betrieblichen Ursachen beruhen. Ferner ist das Alter des Arbeitnehmers zu beachten sowie die Länge des ungestörten Arbeitsverhältnisses.[67]

Dadurch, dass der gezahlten Vergütung nicht mehr die entsprechende Gegenleistung gegenübersteht, ist in diesem Falle bei der Interessenabwägung, wenn nicht dringende oder wichtige Gründe für den Arbeitnehmer hinsichtlich Alter etc. bestehen, für den Arbeitgeber zu entscheiden, da er ein enorm hohes finanzielles Risiko eingeht bezüglich den Lohnfortzahlungskosten und, wie schon mehrmals erwähnt, das Austauschverhältnis gestört ist. Demnach muss entschieden werden, welches Risiko höher wiegt. Dies ist eine Einzelfallentscheidung und kann nicht pauschalisiert angegeben werden.

Wie auch bei den vorangegangenen Fallgruppen gibt es bei der Interessenabwägung keine großen Besonderheiten. Wichtig ist immer, dass von Einzelfall zu Einzelfall entschieden wird.

3.3 Das betriebliche Eingliederungsmanagement (BEM)

Nach § 84 II SGB IX muss Mitarbeitern, die länger als sechs Wochen im Jahr krank sind, die Möglichkeit gegeben werden, wie die Arbeitsunfähigkeit überwunden wird und mit welchen Leistungen oder Hilfen erneuter Arbeitsunfähigkeit entgegengewirkt werden kann. An dem BEM muss der Betriebs- bzw. Personalrat beteiligt werden.

Nach neuerer Rechtsprechung des BAG ist das BEM keine formelle Wirksamkeitsvoraussetzung für eine Kündigung. Führt der Arbeitgeber aber kein BEM vor Ausspruch einer krankheitsbedingten Kündigung durch, so muss er im Kündigungsschutzprozess darlegen, weshalb ein BEM keine positiven Ergebnisse hätte zeigen können. Mit Hilfe eines BEM können nämlich mildere Mittel als eine Kündigung herangezogen werden, welches auch die Interessenabwägung deutlich zeigt, dass

---

[67] vgl. BAG Urteil vom 22.10.2015 – 2 AZR 557/14

eine Kündigung nur als Ultima-Ratio-Lösung in Erwägung zu ziehen ist. Dies können beispielsweise eine Umgestaltung des Arbeitsplatzes oder die Weiterbeschäftigung zu geänderten Arbeitsbedingungen sein.[68]

Führt der Arbeitgeber das BEM nicht durch und spricht dennoch eine Kündigung aus krankheitsbedingten Gründen aus, so hat er umfassend und detailliert vorzutragen, warum weder ein weiterer Einsatz auf seinem Arbeitsplatz, noch dessen leidensgerechte Anpassung möglich gewesen seien und der Arbeitnehmer nicht auf einem anderen Arbeitsplatz mit geänderter Tätigkeit hätte eingesetzt werden können, warum also ein BEM in keinem Fall dazu hätte beitragen können, weiteren Krankheitszeiten vorzubeugen und das Arbeitsverhältnis zu erhalten.[69]

Aus der Norm des § 84 II SGB IX folgt aber auch, dass das BEM auf Freiwilligkeit beruht. Dies führt in der Praxis meist zu Unsicherheit beim Arbeitnehmer dazu, dass er auf ein Schreiben vom Arbeitgeber mit Einladung zu einem BEM nicht reagiert. Das BAG hat hierzu ausgeführt, dass ein Schreiben vom Arbeitgeber, in dem er androht, eine Kündigung bei Nichtdurchführung eines BEM auszusprechen, vom Arbeitnehmer nicht weiter berücksichtigt werden muss. Wie oft aber nun der Arbeitgeber aktiv werden muss und ob überhaupt die Androhung eines BEM rechtens ist, ist von den Gerichten einzelfallabhängig zu entscheiden.[70]

Als Ergebnis kann festgehalten werden, dass ein betriebliches Eingliederungsmanagement keine Voraussetzung für eine krankheitsbedingte Kündigung ist, aber für den Arbeitgeber die Konsequenz ergibt, dass seine Darlegungs- und Beweislasten im Kündigungsschutzprozess erweitert werden.[71] Deshalb sollte ein BEM stets angeraten werden, auch wenn die Durchführung dessen durch den Arbeitgeber immer auf Grund Unsicherheit, schlechter Beratung etc. unterlassen wird. Aber auch ohne BEM kann eine Kündigung erfolgreich sein. Das ist dann der Fall, wenn der Arbeitgeber alle Möglichkeiten ausgeschöpft hat und letztlich nur noch die Kündigung als letztes Mittel übrig bleibt (Ultima-Ratio-Prinzip).

---

68 vgl. Richter, ArbRAktuell, 2017, 403
69 vgl. ArbG Ulm Urteil vom 20.01.2017 – 5 Ca 346/16
70 vgl. Hoffmann-Remy, NZA, 2016, 267
71 BAG, NZA, 2015, 931

3.4 Die außerordentliche krankheitsbedingte Kündigung

Krankheit kann auch dann eine außerordentliche Kündigung rechtfertigen, wenn die ordentliche Kündigung ausgeschlossen ist.[72] Dies ist z. B. der Fall, wenn diese durch Tarifvertrag oder Betriebsvereinbarung ausgeschlossen ist. Auch bei befristeten Arbeitsverträgen ist eine ordentliche Kündigung grundsätzlich nicht möglich, § 15 Teilzeit- und Befristungsgesetz (TzBfG).

An eine Kündigung auf Grund von Krankheit des Arbeitnehmers sind allerdings schon bei der ordentlichen Kündigung strenge Maßstäbe anzulegen, sodass nur in eng begrenzten Ausnahmefällen die Fortsetzung des Arbeitsverhältnisses für den Arbeitgeber im Sinne von § 626 I BGB unzumutbar sein kann. Wie bei der ordentlichen Kündigung ist auch bei der außerordentlichen Kündigung die Prüfung in drei Stufen vorzunehmen (negative Zukunftsprognose, erhebliche Beeinträchtigung betrieblicher Interessen, Interessenabwägung). Diese sind aber bei der außerordentlichen Kündigung auf allen drei Stufen erheblich verschärft.[73] So muss folglich auf allen drei Stufen noch detaillierter geprüft werden, ob die Voraussetzungen erfüllt sind.

Besonderheit und zusätzliche Voraussetzung für eine ordentliche Kündigung ist ein wichtiger Grund im Sinne von § 626 I BGB. Arbeitsunfähigkeit infolge von Krankheit kann demnach einen wichtigen Grund darstellen. Da das Arbeitsverhältnis ein auf stetigen Leistungsaustausch gerichtetes Rechtsverhältnis darstellt und dieses auf Dauer umfassend gestört ist, weil der Arbeitnehmer auf Grund seiner Erkrankung auf unabsehbare Zeit seine Arbeitsleistung nicht erbringen kann, kann eine Kündigung aus wichtigem Grund gerechtfertigt sein. Deren Unwirksamkeit kann sich dann in der Regel nur noch aus der Abwägung der wechselseitigen Interessen ergeben.[74]

Somit gleicht die außerordentliche krankheitsbedingte Kündigung größtenteils der ordentlichen krankheitsbedingten Kündigung. Auch hier sind alle vier Fallgruppen möglich. Abgrenzungsmerkmal ist, dass ein wichtiger Grund im Sinne des § 626 I BGB vorliegen muss. Dieser ist durch die erheblichen Fehlzeiten und durch Nichterbringung der Arbeitsleistung regelmäßig zu bejahen. Nur bei der dritten Stufe, der Interessenabwägung, könnte eine Unwirksamkeit der Kündigung entstehen. Dies

---

72 vgl. BAG Urteil vom 28.10.2010 – 2 AZR 688/09
73 vgl. LAG Rheinland-Pfalz Urteil vom 26.05.2011 – 7 Sa 506/09
74 vgl. BAG Urteil vom 20.03.2014 – 2 AZR 288/13

wird aber von Einzelfall zu Einzelfall entschieden. Meistens kommt eine außerordentliche krankheitsbedingte Kündigung erst in Betracht, wenn eine ordentliche Kündigung ausgeschlossen ist.

Nachdem nun die verschiedenen Fallgruppen der krankheitsbedingten Kündigung sowie die Prüfungsstufen und die außerordentliche Kündigung erläutert wurden, werden im letzten folgenden Kapitel einzelne Fälle bzw. Störungen des Arbeitsverhältnisses dargestellt, denen eine besondere Bedeutung zukommt.

4 Kündigungsrelevante Einzelfälle

Nicht nur Krankheiten allein erzeugen eine eventuelle Kündigung. Auch bestimmte Suchtkrankheiten wie Alkohol- oder Drogensucht oder unheilbare Erkrankungen wie AIDS können zum Problem werden. Diese Fallkonstellationen sind in der Praxis nicht immer leicht zu behandeln. Im folgenden Kapitel wird nun auf die wichtigsten Fälle eingegangen, nämlich die Alkohol- und Drogensucht sowie die AIDS-Erkrankung und inwieweit diese Auswirkungen auf das Arbeitsverhältnis haben.

4.1 AIDS

Ist ein Arbeitnehmer an AIDS erkrankt, so richtet sich die Kündigung nach den Regeln der personenbedingten Kündigung wegen Krankheit. Aber allein die Tatsache, dass ein Arbeitnehmer an AIDS erkrankt ist, rechtfertigt noch keine Kündigung. Es muss erst geprüft werden, ob der Arbeitnehmer in einen anderen Bereich versetzt werden kann.[75] Dies erscheint insoweit unproblematisch, denn die quantitative Gefahr einer Übertragung unter den normalerweise am Arbeitsplatz herrschenden Gegebenheiten tendiert gegen null. Anders sieht es aus, wenn der Arbeitnehmer an einem Arbeitsplatz beschäftigt ist, an dem die Gefahr herrscht, dass sich andere Mitarbeiter oder Dritte infizieren können, wie z. B. in Krankenhäusern. Hier liegt wegen der hohen Gefährdung ein personenbedingter Grund vor, der eine Kündigung sozial rechtfertigen kann.[76]

Nimmt der Arbeitgeber hingegen eine bloße, symptomlose HIV-Infektion als Anlass einer Kündigung, so kann hier ein Verstoß gegen § 1 i.V.m. § 7 I Allgemeines Gleichbehandlungsgesetz (AGG) liegen, denn eine derartige Infektion stellt so lange eine Behinderung im Sinne des § 1 AGG dar, wie das gegenwärtig auf sie zurückführende soziale Vermeidungsverhalten sowie die darauf beruhenden Stigmatisierungen andauern. Die Nichtigkeit könnte demnach aus § 138 I BGB bzw. § 242 BGB hergeleitet werden. Dem steht aber die richtungskonforme Auslegung des § 2 IV AGG entgegen, wonach die zivilrechtlichen Klauseln in §§138, 242 BGB nicht erfasst werden. Somit ergibt sich die Nichtigkeit folglich aus § 134 BGB i.V.m. §§ 7 I, 3 I S. 1 AGG.[77]

Ansonsten ist die Kündigung wegen einer AIDS-Erkrankung, wie oben schon erwähnt, nach den allgemeinen Regeln der personenbedingten Kündigung aufgrund

---

[75] vgl. ErfK/Oetker KSchG § 1 Rn. 152
[76] vgl. APS/Vossen KSchG § 1 Rn. 224
[77] vgl. APS/Vossen KSchG § 1 Rn. 225

von Krankheit zu behandeln, wobei hier nach den drei Prüfungsebenen lediglich der negativen Zukunftsprognose eine besondere Bedeutung zukommt.

4.2 Alkohol- und Drogensucht

Ist ein Arbeitnehmer einer Alkohol- oder Drogensucht verfallen, so ist nach herrschender Ansicht die Voraussetzung für eine krankheitsbedingte Kündigung erfüllt, wenn die jeweiligen Leistungsausfälle Folge einer Abhängigkeit sind. Hier gelten insoweit dieselben Grundsätze wie bei einer ordentlichen krankheitsbedingten Kündigung.[78] Allerdings kann sich aus den Besonderheiten der Trunksucht, unter Berücksichtigung der Aufgabenstellung des Arbeitnehmers, die Notwendigkeit ergeben, an die Prognose geringere Anforderungen zu stellen.[79]

Bei der krankheitsbedingten Kündigung aufgrund Alkoholsucht ist nur im Rahmen der Interessenabwägung auf die Ursache sowie auf das Verschulden an der Krankheit einzugehen. Der Arbeitgeber muss, vor Stellung der negativen Zukunftsprognose, dem Arbeitnehmer die Chance einer Entziehungskur geben, denn die negative Zukunftsprognose kann erst bejaht werden, wenn der Arbeitnehmer zur Therapie nicht bereit ist oder trotz Therapie rückfällig geworden ist.[80] Hat die Entziehungskur keinen Erfolg, kommt eine personenbedingte Kündigung in Betracht, da die Gründe für die Kündigung dann in der Person des Arbeitnehmers liegen.[81]

Dies sah auch das LAG Hamm so. Demnach kommt eine ordentliche Kündigung wegen Krankheit erst in Betracht, wenn der Arbeitnehmer wiederholt nicht unerheblich wegen Trunksucht in der Vergangenheit gefehlt hat, auch in Zukunft bei objektiver Vorausschau häufige Fehlzeiten zu erwarten sind, hierdurch der Betriebsablauf empfindlich gestört wird und der Arbeitgeber unverhältnismäßig hohe Lohnfortzahlungskosten zu leisten hat. Entscheidend ist die negative Prognose. Diese kann aber nur bejaht werden, wenn der Arbeitnehmer diese ablehnt, denn hier kann folglich ausgegangen werden, dass der Arbeitnehmer von seiner Alkoholabhängigkeit nicht geheilt wird.[82]

---

[78] vgl. ErfK/Oetker KSchG § 1 Rn. 153

[79] vgl. BeckOK, ArbR/Rolfs KSchG § 1 Rn. 124

[80] vgl. BeckOK, ArbR/Rolfs KSchG § 1 Rn. 125, 126

[81] vgl. ErfK/Oetker KSchG § 1 Rn. 153

[82] vgl. LAG Hamm Urteil vom 04.09.2001 – 11 Sa 1918/00

Wie man gesehen hat, ist eine krankheitsbedingte Kündigung auf Grund von Alkohol- oder Drogenabhängigkeit an dieselben Voraussetzungen geknüpft wie die normale krankheitsbedingte Kündigung. Entscheidender Punkt ist hier, dass der Arbeitnehmer nicht therapierbar ist. Wenn ein alkoholkranker oder drogenabhängiger Mensch das Angebot einer Entziehungskur ablehnt, die eigentlich dazu dient, seinen Job zu behalten und unter geordneten wirtschaftlichen Verhältnissen zu leben, ist es einleuchtend, dass dieser seine Alkohol- oder Drogensucht vorzieht und demnach auch die Konsequenzen erfahren sollte.

5 Schlussbetrachtung

In der Praxis kommt der Kündigung aufgrund von Krankheit immer mehr Bedeutung zu, da immer mehr Arbeitnehmer erkranken. Es ist ein nicht zu unterschätzender Sachverhalt, diese Form der Kündigung richtig zu behandeln, zumal es immer einzelfallabhängig entschieden wird. Selbst wenn der Krankenstand in den letzten zehn Jahren seinen Tiefpunkt erreicht hatte, ist dennoch wieder ein hoher Anstieg zu verzeichnen, wie am Anfang der Arbeit aufgezeigt wurde.

Die vorliegende Arbeit hat gezeigt, dass der Problemfall der krankheitsbedingten Kündigung viele Besonderheiten aufweist, die auf den ersten Blick nicht eindeutig erscheinen mögen.

Am Anfang der Arbeit wurde aufgezeigt, dass sich der Krankenstand in den letzten zehn Jahren wieder erhöht hat. Zurückzuführen ist das auf das immer höher zu erwartende Leistungsvolumen, welches jeder Arbeitnehmer heutzutage zu erbringen hat. Folglich sind die meisten Ursachen psychische Erkrankungen sowie Erkrankungen des Bewegungsapparates. Aber auch unser Essverhalten spielt dabei eine wichtige Rolle. In einer Welt, in der immer mehr Fastfood konsumiert wird und immer weniger gesunde, frisch zubereitete Sachen auf den Tisch kommen, fehlen dem Körper wichtige Vitamine, die das Immunsystem stärken und somit Krankheiten vorbeugen. Zudem geht aus einem Bericht der Organisation für Wirtschaftliche Zusammenarbeit und Entwicklung (OECD) hervor, dass jeder vierte Mensch in Deutschland fettleibig ist.[83] Durch diese Entwicklung darf man sich dann nicht wundern, dass folglich immer mehr Menschen an Krankheiten, vor allem auch an chronischen, leiden.

Im ersten Kapitel wurde auf die verschiedenen Kündigungsarten sowie auf das Kündigungsschutzgesetz eingegangen. Demnach muss im Rahmen des Kündigungsschutzprozesses eine Klage persönlich, betrieblich sowie sachlich anwendbar sein. Diese muss sodann sozial gerechtfertigt sein sowie innerhalb der Klagefrist des § 4 KSchG erfolgen.

Im zweiten Kapitel wurde das Kernstück meiner Arbeit behandelt. Zuerst wurde der Krankheitsbegriff geklärt sowie dessen Abgrenzung zur Arbeitsunfähigkeit. Somit ergibt sich aus einer Krankheit nicht unbedingt eine Arbeitsunfähigkeit, wie z. B. bei leichten Erkältungen. Sodann habe ich die vier verschiedenen Fallgruppen

---

[83] vgl. Kaiser, Die Deutschen werden immer dicker – und die Politik schaut zu, 2017

der krankheitsbedingten Kündigung vorgestellt und deren einzelne Prüfungspunkte. Die Beeinträchtigung der betrieblichen Interessen sowie die Interessenabwägung sind größtenteils bei allen vier Fallgruppen gleich. Einzig die negative Zukunftsprognose unterscheidet das Prüfschema der einzelnen Fallgruppen. Zum Schluss dieses Kapitels wurde noch die außerordentliche Kündigung aufgrund von Krankheit erläutert. Diese ist nur möglich, wenn eine ordentliche Kündigung durch Regelungen in Tarifverträgen oder Betriebsvereinbarungen ausgeschlossen ist. Ansonsten sind an die Prüfungspunkte strengere Anforderungen zu setzen als bei der ordentlichen Kündigung.

Zum Schluss meiner Arbeit habe ich noch zwei Sonderfälle der krankheitsbedingten Kündigung erläutert, nämlich die Kündigung aufgrund von Alkohol- und Drogensucht sowie einer AIDS-Erkrankung. Bei AIDS-Erkrankungen kommt es darauf an, ob der Arbeitnehmer in Bereichen arbeitet, in denen eine erhöhte Infektionsgefahr für andere Arbeitnehmer und/oder Dritte besteht. Bei der Alkohol- und Drogensucht ist es entscheidend, ob diese therapierbar ist oder nicht. Wird die Therapie vom Arbeitnehmer nicht durchgeführt, ist von einer negativen Zukunftsprognose auszugehen und wird auch regelmäßig zu einer Wirksamkeit der Kündigung führen. Dies ist auch vollkommen gerechtfertigt, da dem Arbeitnehmer die Möglichkeit gegeben wird, seine Sucht zu bekämpfen und wieder ein geordnetes Leben zu führen. Lehnt er dies ab, muss er mit den Konsequenzen leben. Eine Rücksichtnahme bei diesen Suchtkrankheiten sollte meiner Meinung nach, in nicht zu großem Maße gegeben werden. Hier ist der Arbeitnehmer nämlich nicht in einem „außergewöhnlichen" Zustand wie z. B. bei psychischen Erkrankungen, in dem er nicht weiß, was und wie er welche Dinge zu erledigen hat, sondern ist Herr seiner Sinne und kann, ggf. unter Hinzuziehung von Hilfe, erfolgreich seine Sucht bekämpfen.

6 Literaturverzeichnis

Ascheid, Prof. Dr. Reiner/Preis, Prof. Dr. Dr. h.c. Ulrich/Schmidt, Ingrid, Kündigungsrecht, 5. Auflage , München 2017

BAG: Krankheitsbedingte Kündigung – Betriebliches Eingliederungsmanagement, NZA, 2015, 931

FAZ: Krankenstand sinkt erstmals seit zehn Jahren (2017, 31. März). Abgerufen von http://www.faz.net/aktuell/wirtschaft/report-von-krankenkasse-krankenstand-sinkt-erstmals-seit-zehn-jahren-14950802.html (letzter Zugriff 10.09.2017)

Hamann, Petra (2009). Die Kündigung wegen häufiger Kurzerkrankungen. Frankfurt am Main: Peter Lang GmbH

Heussen, Prof. Dr. Benno/Hamm, Christoph (2016). Beck'sches Rechtsanwaltshandbuch. München: C.H. Beck

Hoffmann-Remy, Dr. Till, „Betriebliches Eingliederungsmanagement" als Ende der krankheitsbedingten Kündigung?, NZA, 2016, 267

Hromadka, Wolfgang/Maschmann, Frank (2015). Arbeitsrecht Band 1: Individualarbeitsrecht. Heidelberg, Berlin: Springer Verlag

Kaiser, Tobias (2017). Die Deutschen werden immer dicker – und die Politik schaut zu. https://www.welt.de/wirtschaft/article164758708/Die-Deutschen-werden-immer-dicker-und-die-Politik-schaut-zu.html (letzter Zugriff 10.09.2017)

Köbler, Gerhard (2012). Juristisches Wörterbuch. München: Franz Vahlen

Kramer, Ralph/Peter, Frank K. (2012). Arbeitsrecht: Grundkurs für Wirtschaftswissenschaftler. Wiesbaden: Springer Fachmedien

Küttner, Wolfdieter (2017). Personalbuch 2017. München: C.H. Beck

Lenz, Tobias (2012). Die Rechtsabteilung. Wiesbaden: Gabler Verlag

Lingemann, Dr. Stefan/Ludwig, Dr. Gero, Die krankheitsbedingte Kündigung – Rechtfertigung der Kündigung wegen häufiger Kurzerkrankungen, Arbeitsrecht Aktuell, 2010, 409

Lutz, Philip (2014). Definitionen für die Zivilrechtsklausur. Altenberge: niederle media

Müller-Glöge, Dr. Rudi/Preis, Prof. Dr. Dr. h.c. Ulrich/Schmidt, Ingrid, Erfurter Kommentar zum Arbeitsrecht, 17. Auflage, München 2017

Podehl, Jörg (2017). Arbeitsrecht: Praktischer Leitfaden für den betrieblichen Einsatz. Wiesbaden: Springer Fachmedien

Richter, Tim, Die krankheitsbedingte Kündigung im Spiegel der Rachtssprechung, Arbeitsrecht Aktuell, 2015, 237

Richter, Tim, Rechtssprechungsupdate zur krankheitsbedingten Kündigung, Arbeitsrecht Aktuell, 2017, 403

Rolfs, Christian/Giesen, Richard/Kreikebohm, Ralf/Udsching, Peter, Beck Online Kommentar Arbeitsrecht, 44. Edition, München 2017

Säcker, Dr. Dr. Dr. h.c. Franz Jürgen/Rixecker, Dr. Roland/Oetker, Dr. Hartmut, Münchner Kommentar zum Bürgerlichen Gesetzbuch Band 4, 7. Auflage, München 2016

Schaub, Dr. h.c. Günter (2017). Arbeitsrechtshandbuch. München: C.H. Beck

Schaub, Dr. h.c. Günter/Koch, Dr. Ulrich (2017). Arbeitsrecht von A-Z. München: C.H. Beck

Schunder, Prof Dr. Achim, Kündigung wegen Krankheit, NZA-Beilage, 2015, 90